DISCOURS

SUR L'HEUREUX

ACCOUCHEMENT

DE LA REINE,

ET

SUR LES DEVOIRS DES SUJETS

ENVERS LEUR SOUVERAIN;

PAR M. DUMINY, *Curé de Cravan,*
en Bourgogne.

Prononcé le 17 Janvier 1779.

A PARIS,

Chez VENTE, Libraire des Menus-Plaisirs du Roi,
au bas de la Montagne Sainte-Geneviève.

M. DCC. LXXIX.

DISCOURS

SUR L'HEUREUX

ACCOUCHEMENT

DE LA REINE.

L'HEUREUSE Délivrance de la REINE, MES CHERS PAROISSIENS, & la PRINCESSE qui vient de naître, nous laiſſent encore des vœux à former. Les premiers gages que nous recevons des bénédictions divines ſur une Alliance ſi digne des faveurs du Ciel, encouragent nos demandes, & nous font eſpérer que le Seigneur fera naître un Héritier digne de s'aſſeoir ſur le Trône de Saint-Louis,

A 2

& qui puisse un jour, après s'être formé long-tems par les leçons & les exemples de son Auguste Père, maintenir la splendeur de la Monarchie, & assurer la félicité de nos Neveux.

La naissance de MADAME, qui fait aujourd'hui l'objet de nos Cantiques d'allégresse, est un don de Dieu qui accorde la fécondité à qui il lui plaît. Ce sont vos mains, Seigneur, qui m'ont formé; ce sont-elles qui ont articulé toutes les parties de mon corps : vous m'avez fait comme un vase d'argile ; vous m'avez donné la vie.

Job. 10. v. 8.

Dieu qui nous a faits ce que nous sommes, mes chers Paroissiens, nous a faits aussi pour lui. Telle est la grandeur de notre destination : le monde & tout ce qu'il renferme a été créé pour l'homme ; mais l'homme a été créé pour Dieu : formé à son image, il est, par son ame, connoissance & amour : la Vérité éternelle eſt ſeule capable de fixer ſon eſprit; & il n'y a que la ſouveraine bonté qui puiſſe remplir la vaſte étendue de ſes deſirs : Dieu ſeul eſt ſa félicité, & il ne commence à être véritablement heureux, que lorſqu'il peut dire avec le Prophête : mon unique bien eſt de demeurer attaché au Seigneur, & de mettre en lui mon eſpérance. Pſ. 72.

Les Actions de Graces que vous rendrez à Dieu dans ces diſpoſitions, ne peuvent manquer de lui être agréables, parce qu'elles ont leur ſource dans un cœur qui lui eſt conſacré : elles forment ce ſacrifice de louanges dont le Seigneur nous aſſure qu'il eſt honoré : les prières que vous unirez à ce ſacrifice feront exaucées. *Voluntatem timentium ſe faciet.* Pſ. 144.

Offrez-les, *mes chers Paroiſſiens*, vos prières & vos vœux avec la ferveur la plus vive, d'abord pour la proſpérité du ROI. Il n'eſt point de bien que SA MAJESTÉ

A 3

ne foit difpofée à procurer à fon Peuple.
Elle ne fépare point fon bonheur du nôtre.
Vous le favez, que le nouveau règne s'eft
ouvert avec les plus douces efpérances que
la bienfaifance du R O I a juftifiées. Le
Petit-Fils de Clovis, de Charlemagne &
de Saint-Louis, fent que la profpérité &
la grandeur d'un Empire font affurées,
lorfque la Religion emploie fes mains
auguftes à en élever l'édifice. Avec elle
le Monarque dirige au bien général toute
l'activité de fon ame. La politique & la
valeur s'allient avec le foin honorable
d'éclairer les hommes, de les foulager
du poids de leur misère & de leurs vices,
& de les rendre auffi heureux que fages.
L'Héritier de nos R o i s ne veut regner
que par elle.

Auffi reconnoît-il que c'eft Dieu lui-mê-
me qui l'a couronné. L'épée qu'il porte eft
le glaive du Seigneur, fa Puiffance eft un
écoulement & une portion de celle du

Très-Haut. Ce que lui doivent fes fujets ; ils le doivent auffi à la confcience & à la Religion. L'obéiffance légitime qu'ils lui rendent, retourne à Dieu dont il eft le Miniftre. Vérité qui a été apperçue par la foible raifon des Payens, mais qui n'a jamais été ni mieux connue, ni plus fidellement obfervée que dans le Chriftianifme. Nous y apprenons à nous foumettre à tout Rom. 13. homme qui a du pouvoir fur nous, foit au Roi comme Souverain, foit aux Gouverneurs comme dépofitaires de fon autorité. Nous y apprenons à craindre Dieu & à honorer le Prince, à obéïr aux Puiffances fupérieures comme émanées de Dieu même ; car s'oppofer aux Puiffances, c'eft réfifter aux ordres du Ciel ; c'eft fe préparer un tréfor de colère pour le jour redoutable des vengeances.

Qu'elle eft fublime ! Qu'elle eft aimable la Religion qui infpire ces fentimens, d'où réfultent le bon ordre , la paix & la tranquilité !

Cette Religion divine ne borne point à la foumiffion les devoirs des fujets envers leur Souverain ; Elle leur impofe encore l'obligation d'entrer dans les befoins de l'État dont ils font partie , & d'y contribuer de leurs biens. Rendez à chacun ce qui lui eft dû ; le tribut & les impôts à qui vous les devez ; la crainte à qui vous devez la crainte ; l'honneur à qui vous devez l'honneur ; non-feulement par des motifs humains , & pour vous conformer à une police extérieure, mais par un principe de Rom.13. confcience. *Non folùm propter iram , fed etiam propter confcientiam.*

C'eft ainfi que la Religion ennoblit les devoirs que les loix humaines prefcrivent, & en affure l'exécution en les faifant obferver du fond du cœur , en les élevant au rang des Préceptes divins qui ne s'accompliſſent dignement & parfaitement que par l'amour.

Enfin l'Apôtre conjure les Fidèles de faire des actions de graces, des vœux & des priéres pour les Rois, pour leurs Mi- niſtres, & pour tous ceux qui ſont élevés en dignité. Par-là, Saint-Paul nous dé- couvre notre propre avantage ; c'eſt afin de couler nos jours dans l'abondance de la paix, & dans l'exercice ſalutaire de la piété. I. Timot. 2.

Un des plus grands bienfaits que le Ciel puiſſe accorder à la Terre ; une des mar- ques les plus ſenſibles de la miſéricorde de Dieu ſur un Peuple qu'il aime, c'eſt un Roi, ſelon ſon cœur ; un Roi qui, attentif aux devoirs de la Religion, & plein d'affec- tion pour ſes ſujets, ne donne ſa confiance qu'à la probité, ſon eſtime qu'à la Vertu, ſon cœur qu'à la Vérité. Eſt-ce-là le carac- tère de Salomon dans les jours de ſa gloire ? Eſt-ce celui de L O U I S X V I ? L'un & l'autre c'eſt la même choſe.

Animé de l'Esprit Divin, notre augufte Monarque a pris la Sageffe pour fa lumière, parce qu'elle ne s'éteint jamais; il l'a choifie pour préfider à toutes fes opérations. Auffi, la plenitude de cette Sageffe fait-elle fa gloire devant les Peuples. Elle rend fa jeuneffe refpectable aux Anciens d'Ifrael : Elle lui donne la pénétration d'efprit dans les jugemens, & Elle en fait un fujet d'admiration en préfence des Princes & des Miniftres qu'il honore d'une confiance méritée. Affife à côté du Roi , la Sageffe met fur fes lévres des oracles de juftice ; Elle lui fait difcerner le vrai du faux, le bien du mal. La Clémence & la Vérité environnent toujours fon Trône, & fon Regne eft celui de l'équité , & une vive expreffion de celui de Dieu même. *Mifericordia & veritas cuftodiunt Regem , & roboratur clementiâ Trônus ejus.* Qu'il eft beau, qu'il eft glorieux au Roi de vivre parmi fes Sujets

Proverb.
20-28.

comme un Pere au milieu de fes Enfans, & de ne devoir qu'à fes vertus & à leur amour les fincères hommages qu'on s'emprelle de lui rendre !

O Prince qui faites nos délices ! Que l'or de votre Couronne foit toujours relevé par l'innocence de vos mœurs , & par l'éclat de votre piété ! Que le Sceptre foit toujours entre vos mains une houlette Pf. 22. de Pafteur pour protéger & confoler votre Peuple , & pour le conduire par des Loix faintes ! Que le glaive que vous portez , infpire la crainte aux méchans, & ferve à la défenfe du jufte! Que l'adorable Auteur de tout don parfait répande fur vous, avec une nouvelle abondance, l'Efprit de prudence dont la main de Juftice eft le Symbole, pour conferver aux Loix leur force , au Royaume la fécurité , à la Foi & à la Religion leur pureté !

Notre Roi, ô mon Dieu , eft votre image fur la terre ! l'éclat qui l'environne

eſt un rayon de votre gloire ! Nous reſ-
pectons en lui votre autorité ſuprême, &
nous ne nous écarterons jamais de l'obéiſ-
ſance, de l'amour & de la fidélité que nous
lui devons.

Les Iſraëlites, charmés de trouver dans
le fils de David le plus ſage comme le
plus grand de leurs Rois, s'écrierent
dans la joie & la reconnoiſſance de leur
cœur : accordez, Seigneur, à votre Chriſt
des jours longs & heureux. *Cecinerunt*
buccinâ ; & dixit omnis populus : vivat
Rex.

Les François, enchantés de voir dans le
Petit-Fils de L O U I S, *le Bien-Aimé*,
un Souverain accompli, s'écrient dans les
mêmes ſentimens que les Iſraëlites. Con-
ſervez-nous, ô mon Dieu, le Monarque
que vous nous avez donné dans votre miſéricorde ! Qu'il marche en ſûreté à l'om-
bre de votre protection dans les voies de
la Juſtice & de la Gloire, dans la beauté

Lib. 3.
Regum I.

& l'abondance de la Paix ! Qu'il règne long-tems fur une Nation qu'il aime , & dont il eft tendrement chéri. *Cecinerunt buccinâ , & dixit omnis populus : vivat Rex.*

En prenant , comme il eft trop jufte , *mes chers Paroiffiens* , le plus vif intérêt à la confervation de SA MAJESTÉ, uniffons nos vœux pour celle de fon Augufte Époufe, qui fe fanctifie fur le Trône, qui fait briller dans tout leur jour les vertus de Sainte Clotilde , & qui vérifie ces Oracles de l'Écriture. Que la femme Eccl. 26. vertueufe eft la récompenfe de l'homme de bien ; qu'elle attire grace fur grace fur fa Famille , & qu'elle eft la Couronne de Prov. 12. de fon Époux.

La France fe réjouit , elle s'applaudit d'avoir pour REINE cette PRINCES'E, digne Fille de tant de Rois & d'Empereurs. Choifie pour être la Protectrice d'un grand Peuple , tous fes pas font des bienfaits, tous ſes déſirs tendent à notre avantage. Formée par les mains de la Religion & de la généroſité, Elle eſt auſſi agréable à Dieu, que chere & reſpeƈtable à ſes Sujets.

Nous nous intéreſſerons encore, *mes chers Paroiſſiens*, pour la proſpérité de la Maiſon Royale, de la Famille de Saint-Louis, qui ajoute, par ſes vertus, de nouveaux rayons de gloire à la Couronne, Puiſſe le Seigneur nous conſerver, par ſa Puiſſance, ces dons précieux qu'il nous a faits dans ſa miſericorde!

F I N.

Lû & approuvé, ce 8 Mars 1779.

DE SAUVIGNY.

Vû l'Approbation, permis d'imprimer le 9 Mars 1779.

LE NOIR.

De l'Imprimerie de la Veuve B A L L A R D, Imprimeur du Roi, rue des Mathurins.